D1514661

Mijn eerste woordjes boek

REBO PRODUCTIONS

©2018 Rebo International b.v.
Deze uitgave: © 2018 Rebo Productions b.v., Noordwijkerhout

Tekst: Melanie Hibbert
Grafisch ontwerp: Carlton Hibbert
Productie: Rebo International b.v.
Fotoverantwoording: Shutterstock.com
Vertaling: Renate Hagenouw
Opmaak: Rebo International b.v.

ISBN 978-90-366-3714-5

kuiken

appel

klok

koala

Mijn eerste woordjes boek

voor Daan

Melanie Hibbert

zonnebloem

boodschappentas

theepot

weegschaal

fiets

croissant

eend

regenjas

horloge

touwtjespringen

riem

speelgoedboot

picknick

korte broek

hardloper

4

Inhoud

trein

Mijn lichaam

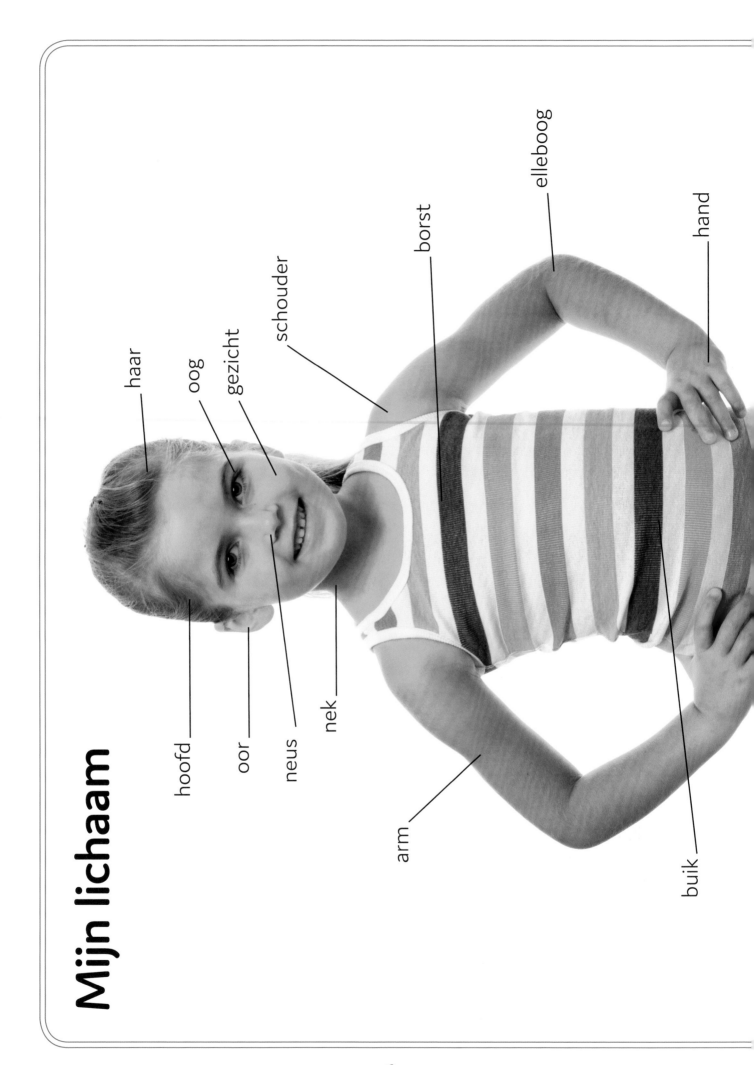

haar

hoofd

oog

oor

gezicht

neus

schouder

nek

arm

borst

elleboog

hand

buik

6

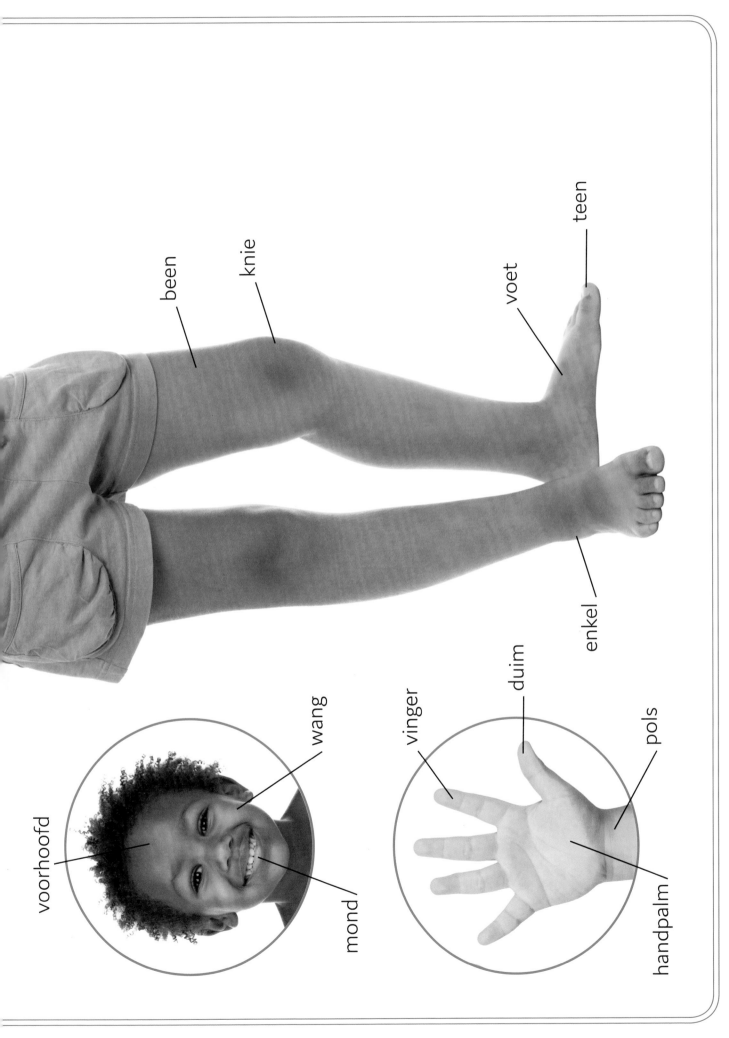

been

knie

teen

voet

enkel

wang

voorhoofd

mond

vinger

duim

pols

handpalm

7

Wat ben je aan het doen?

springen

drinken

verstoppen

schreeuwen

zingen

wensen

dansen

denken

leren

lachen verven lezen

touwtjespringen winnen knuffelen slapen

schoonmaken koken zoeken

9

Aankleden

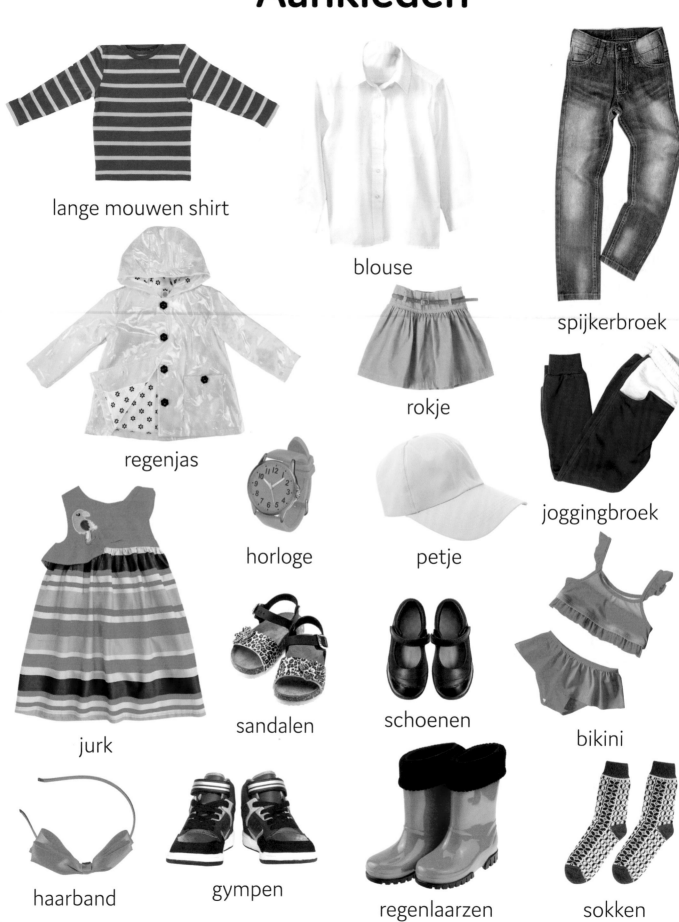

lange mouwen shirt

blouse

spijkerbroek

regenjas

rokje

joggingbroek

horloge

petje

jurk

sandalen

schoenen

bikini

haarband

gympen

regenlaarzen

sokken

10

T-shirt

hemd

trui

muts

korte broek

jas

wanten

sjaal

handschoenen

capuchonvest

vest

oorwarmers

onderbroek

riem

poloshirt

maillot

sloffen

Naar de stad

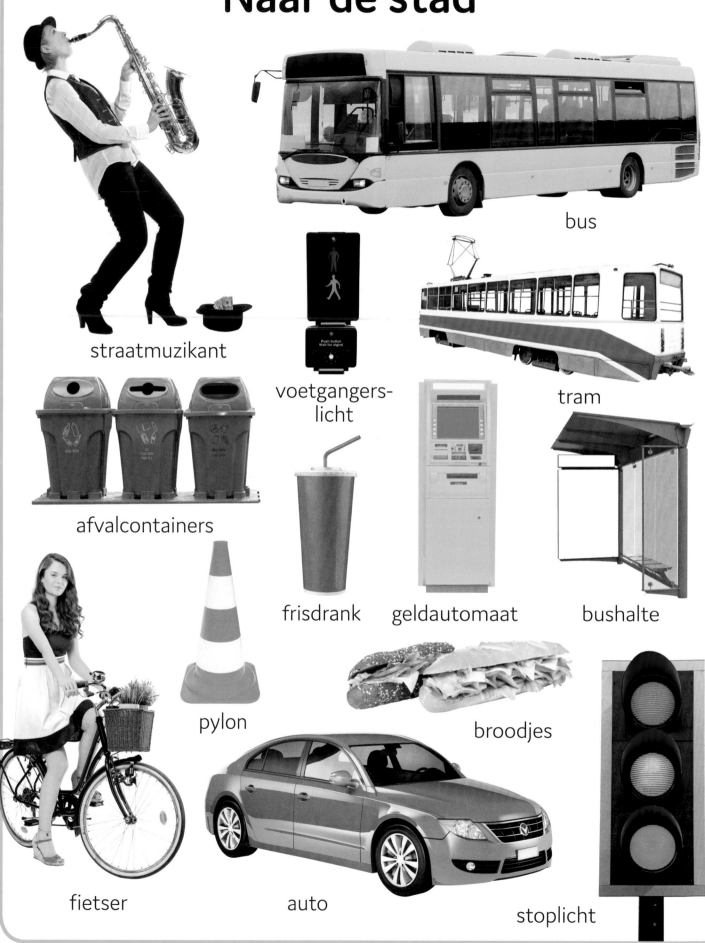

bus

straatmuzikant

voetgangers-licht

tram

afvalcontainers

frisdrank

geldautomaat

bushalte

pylon

broodjes

fietser

auto

stoplicht

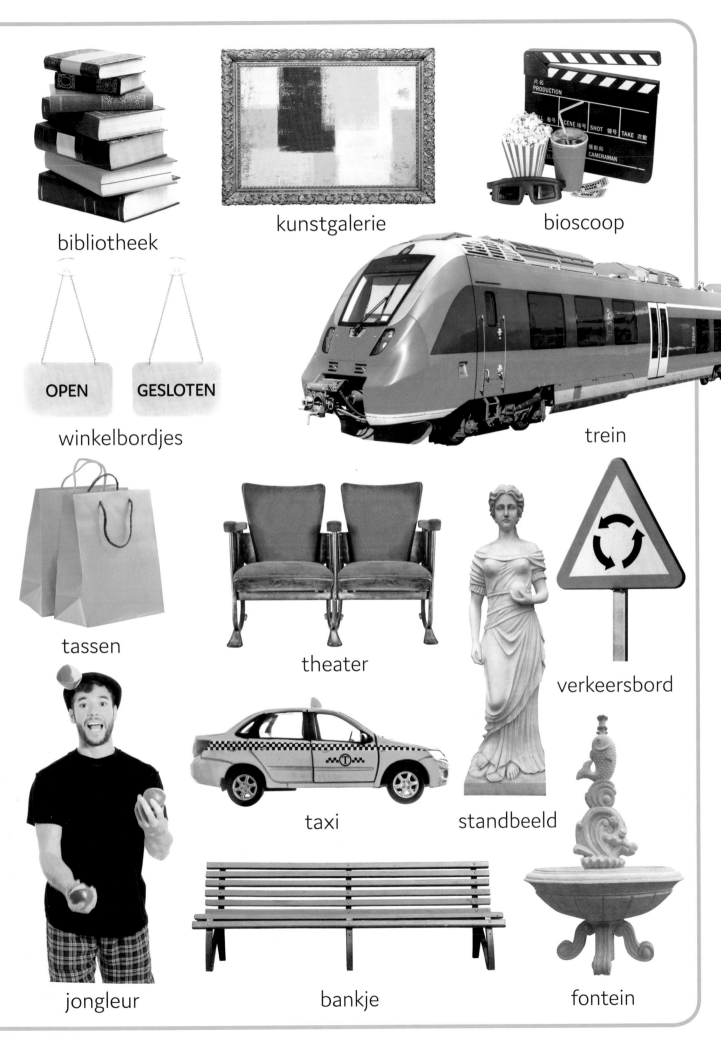

bibliotheek

kunstgalerie

bioscoop

OPEN   GESLOTEN

winkelbordjes

trein

tassen

theater

verkeersbord

jongleur

taxi

standbeeld

bankje

fontein

Supermarkt

boodschappentas

eieren

kassa

prijsbordje

groenten

kassabon

bankpas

pinapparaat

winkelmandje

kleren

munten

supermarktkoeling

yoghurt

prijstang

schappen

melk

sinaasappelsap

ontbijtgranen

brood

weegschaal

meel

fruit

kartonnen doos

blikken

winkelwagen

schort

koelvitrine

waarschuwings-
bordje

winkelbediende

15

Eetcafé

salade

stokbrood

salade

hamburger

frietjes

sushi

servet

vork

mes

lepel

pizzasnijder

taartschep

menu

croissant

suiker

softijs

tafelkleed

16

koffiebonen

theezakje

koffie

krijtbord

theepot

rietje

ketchup

mosterd

peper

taart

smoothie

curry

pizza

zout

stoel

tafel

koksmuts

17

Eten

ei

tomaat

noten

knoflook

kaas

wrap

jam

ham

hartige taart

pistolet

appels

druiven

aardappels

broccoli

soep

cupcakes

18

paprika

peren

citroenen

bloemkool

bananen

aubergines

pasta

vis

kebab

maïs

watermeloen

ui

pepers

wokgerecht

wortels

chocola

In het park

fiets

blad

struik

draaimolen

klimrek

bloemen

frisbee

speelgoedboot

eikeltjes

hardloper

eekhoorn

gras

picknicktafel

wipwap

mus

barbecue

kleedje

drinkfontein

bank

eend

vijver

hekje

picknick

hond

boom

prullenbak

schommels

Kinderdagverblijf

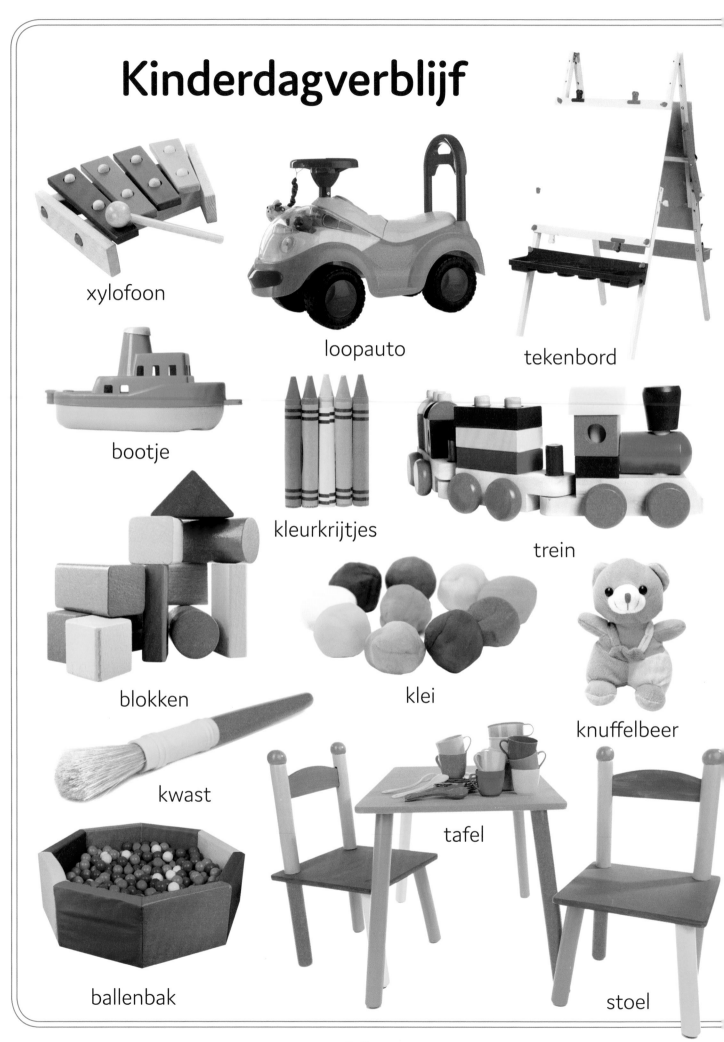

xylofoon

loopauto

tekenbord

bootje

kleurkrijtjes

trein

blokken

klei

knuffelbeer

kwast

tafel

ballenbak

stoel

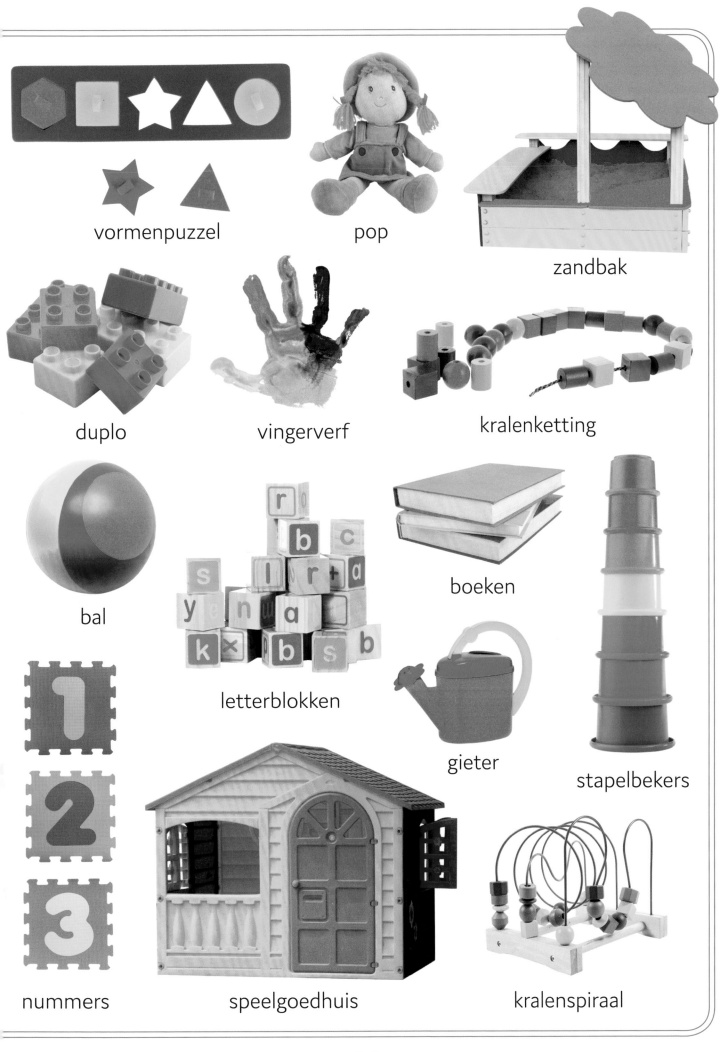

vormenpuzzel

pop

zandbak

duplo

vingerverf

kralenketting

bal

letterblokken

boeken

gieter

stapelbekers

nummers

speelgoedhuis

kralenspiraal

23

Voertuigen

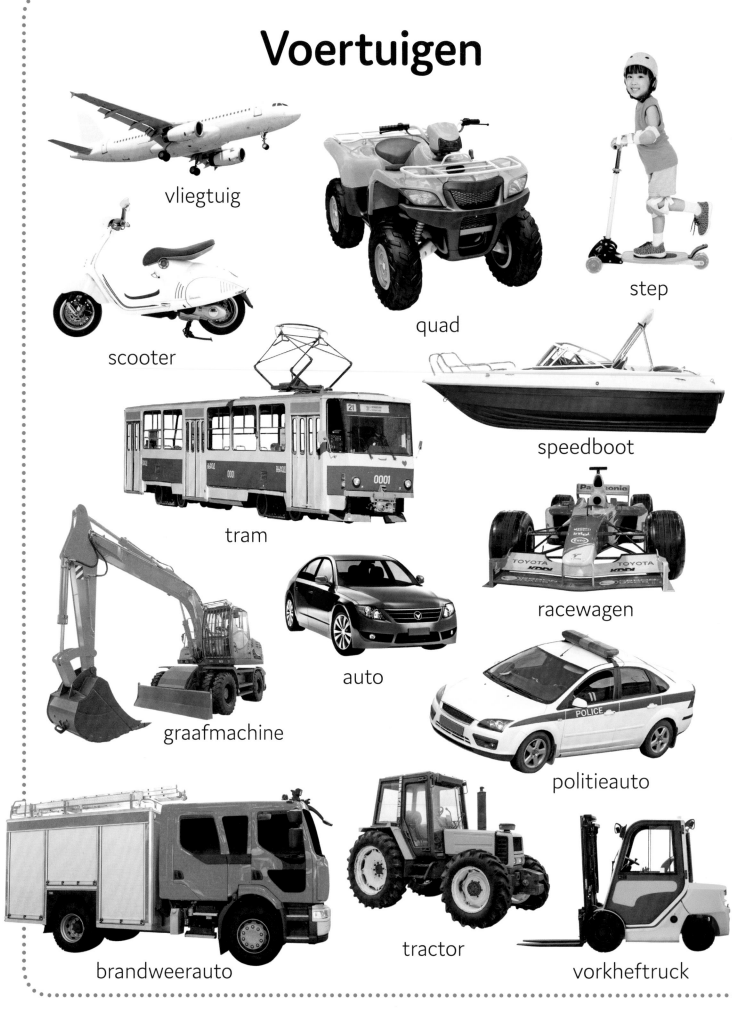

vliegtuig

quad

step

scooter

speedboot

tram

racewagen

graafmachine

auto

politieauto

brandweerauto

tractor

vorkheftruck

24

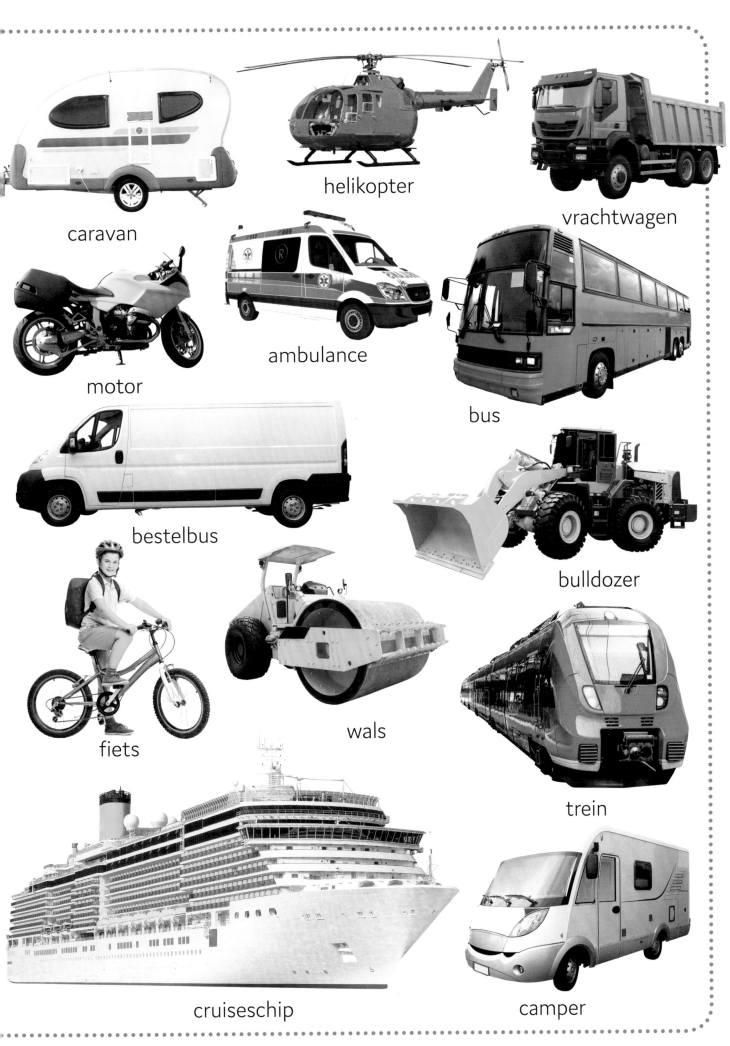

caravan

helikopter

vrachtwagen

motor

ambulance

bus

bestelbus

bulldozer

fiets

wals

trein

cruiseschip

camper

In het ziekenhuis

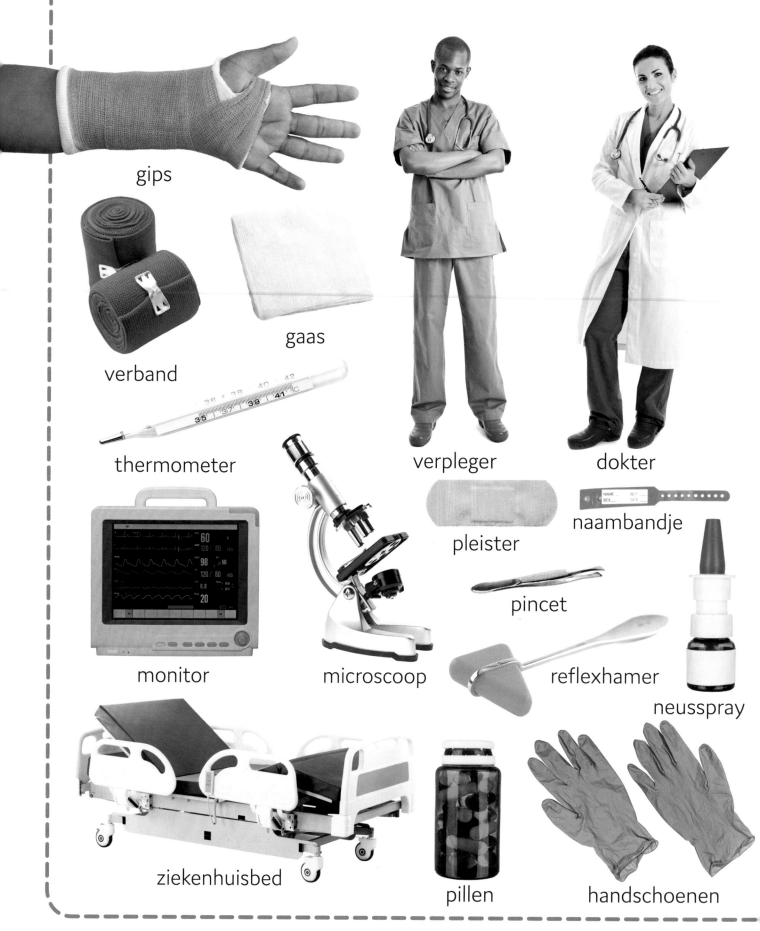

gips

verband

gaas

thermometer

verpleger

dokter

monitor

microscoop

pleister

naambandje

pincet

reflexhamer

neusspray

ziekenhuisbed

pillen

handschoenen

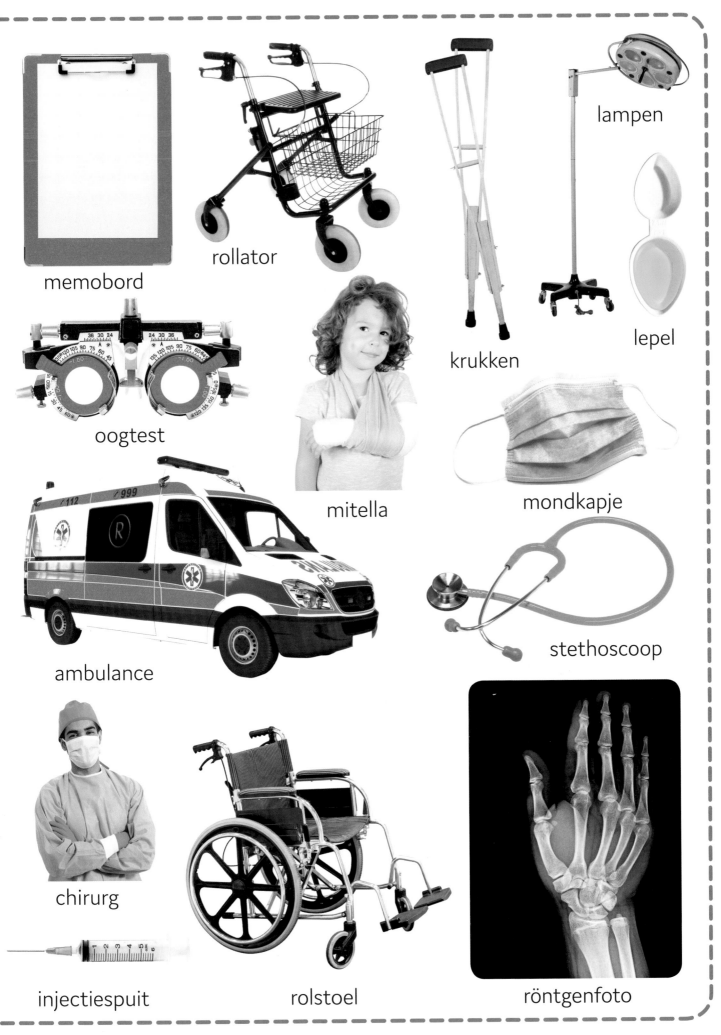

memobord

rollator

krukken

lampen

lepel

oogtest

mitella

mondkapje

ambulance

stethoscoop

chirurg

injectiespuit

rolstoel

röntgenfoto

27

Sporten

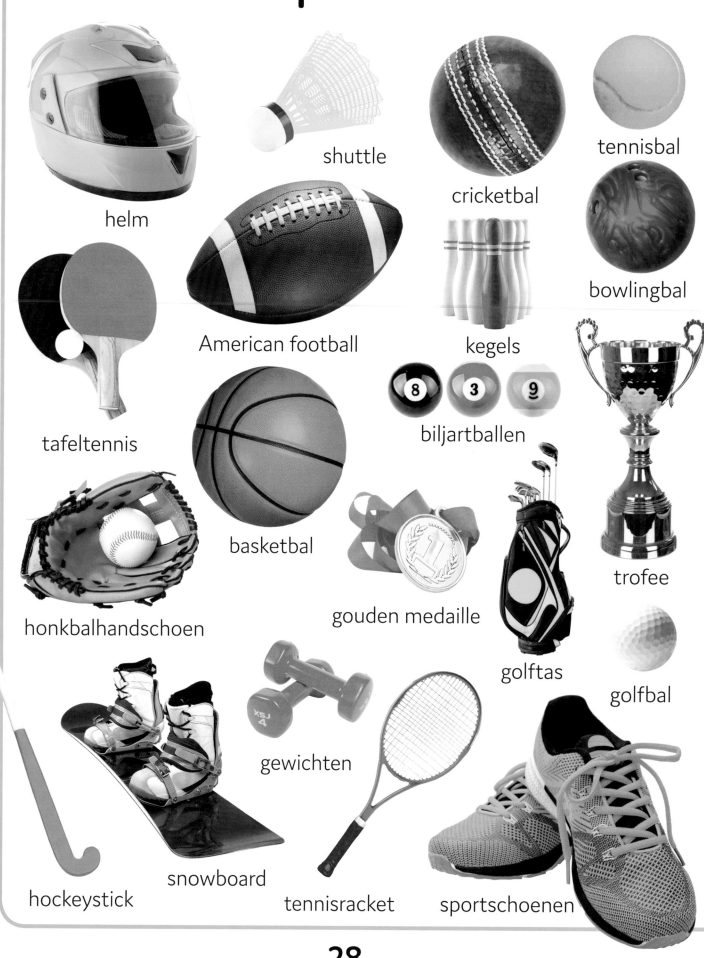

shuttle

tennisbal

cricketbal

bowlingbal

helm

American football

kegels

tafeltennis

biljartballen

basketbal

gouden medaille

trofee

honkbalhandschoen

golftas

golfbal

gewichten

snowboard

hockeystick

tennisracket

sportschoenen

kajak

finishvlag

surfplank

duikpak

duikbril

yoga mat

rugbybal

roeispanen

ski's

trampoline

fiets

hometrainer

turnster

voetbal

kunstschaatsen

podium

29

Op de boerderij

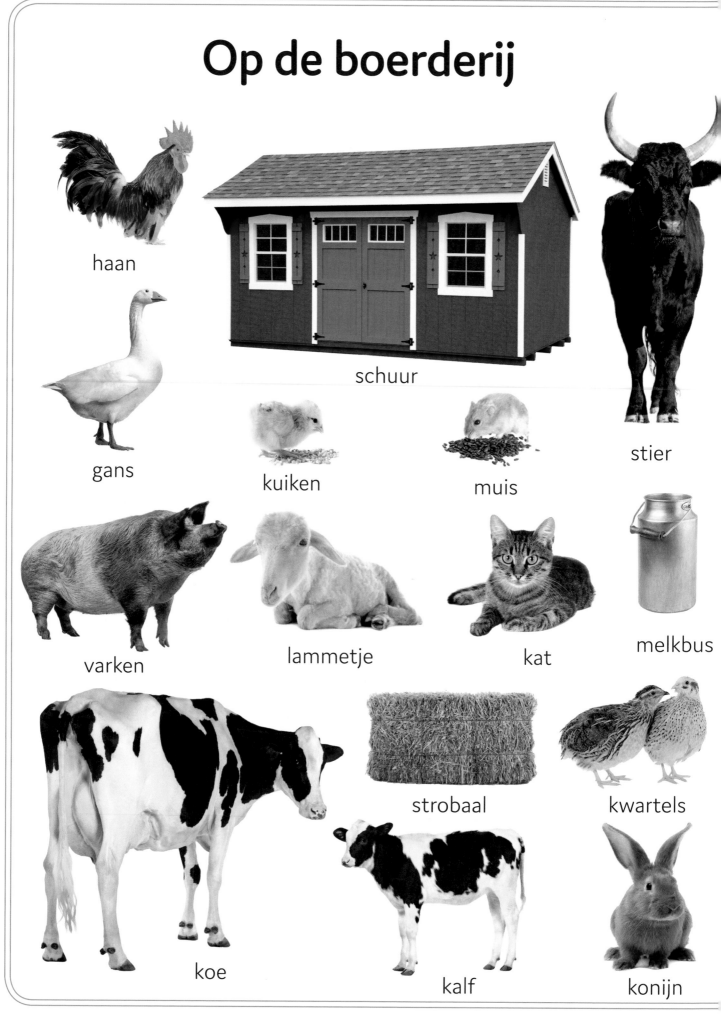

haan

gans

schuur

kuiken

muis

stier

varken

lammetje

kat

melkbus

koe

strobaal

kalf

kwartels

konijn

hooivork

hark

schep

hondenhok

hond

biggetje

schaap

paard

geit

kip

tractor

ezel

eend

bokje

Wilde dieren

olifant

nijlpaard

orang-oetan

slang

zebra

krokodil

flamingo

beer

pauw

neushoorn

panda

gorilla

kameel

kameleon

leeuw

toekan

ringstaartmaki

koala

doktersvis

clownvis

ijsbeer

poema

stokstaartje

giraf

tijger

chimpansee

Huisdieren

landschildpad

konijn

cavia

rat

koikarper

schildpad

goudvis

papegaai

hond

woestijnrat

hamster

egel

vogelspin

grasparkiet

gekko

chinchilla

hagedis

kat

wandelende tak

pony

kip

fret

schorpioen

slang

gans

muis

Babydieren

welpje

lammetje

eenden-kuiken

orang-oetan

hamstertje

babykangoeroe

babypinguïn

zebra foal

tijgerwelp

otterpup

luipaardwelp

kitten

biggetje

pandawelp

36

jong stokstaartje

uilskuiken

struisvogelkuiken

ezelsveulen

jonge chimpansee

foal

neushoornkalf

bokje

olifantenkalf

babykonijntje

kuikentje

babyegel

jaguarwelp

huiler

puppy

reekalf

Op het strand

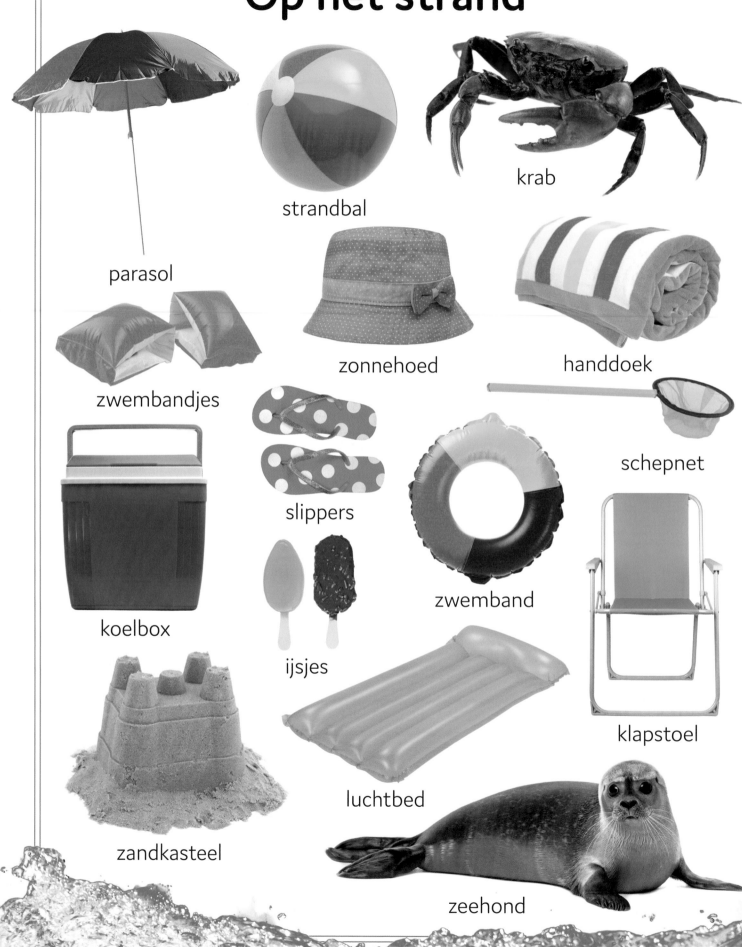

parasol

strandbal

krab

zwembandjes

zonnehoed

handdoek

koelbox

slippers

schepnet

ijsjes

zwemband

zandkasteel

luchtbed

klapstoel

zeehond

zeeschelpen

flippers

duikpak

duikbril

snorkel

zeemeeuw

frisbee

zee-egel

zonnebrand-crème

koud drankje

opblaasbare boot

emmer en schep

zeewier

zeester

zonnebril

golf

Zeewereld

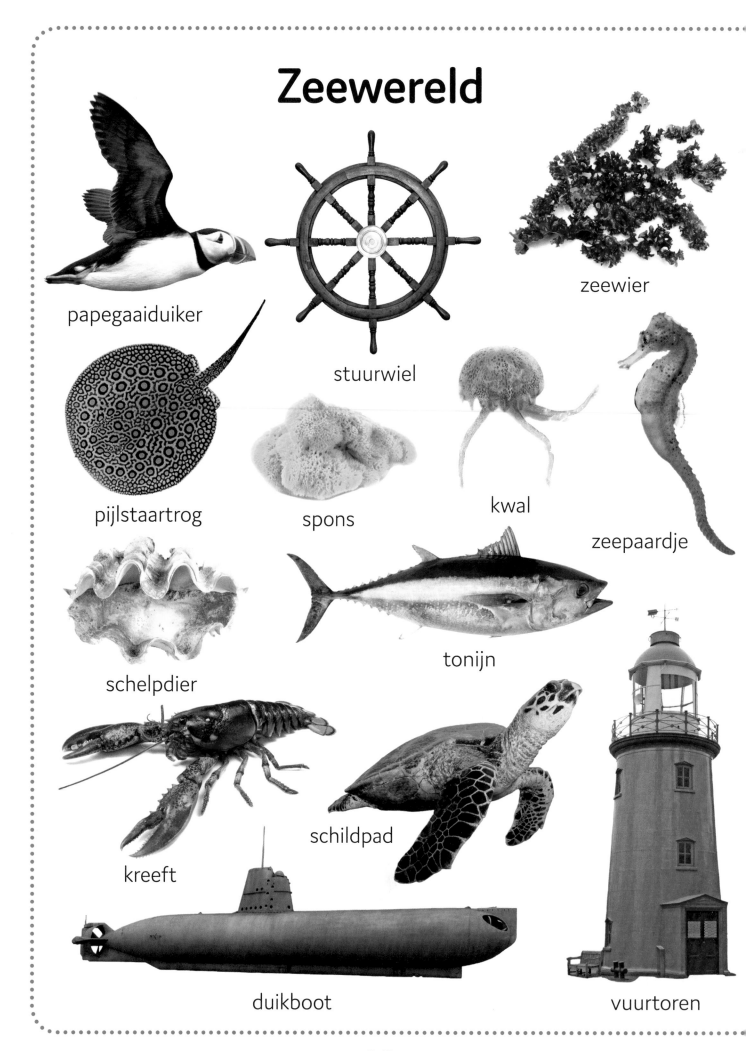

papegaaiduiker

stuurwiel

zeewier

pijlstaartrog

spons

kwal

zeepaardje

schelpdier

tonijn

kreeft

schildpad

duikboot

vuurtoren

40

walvis

albatros

schat

zeilboot

koraalduivel

inktvis

anker

heremietkreeft

octopus

reddingsvest

dolfijn

haai

paling

containerschip

Insecten

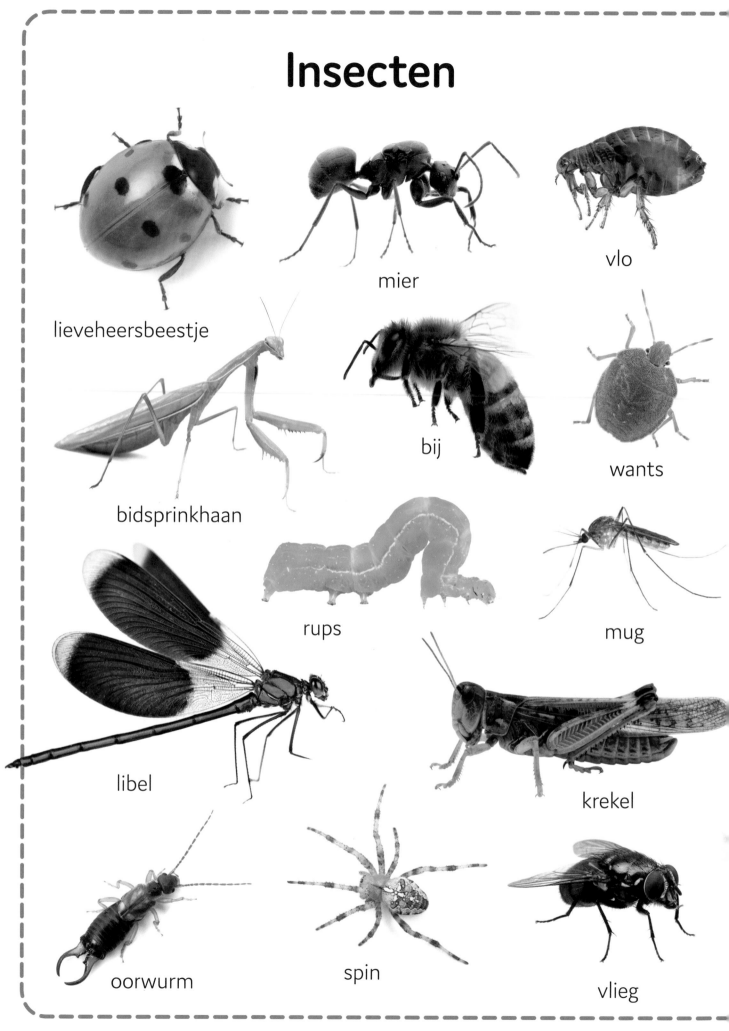

lieveheersbeestje

mier

vlo

bidsprinkhaan

bij

wants

rups

mug

libel

krekel

oorwurm

spin

vlieg

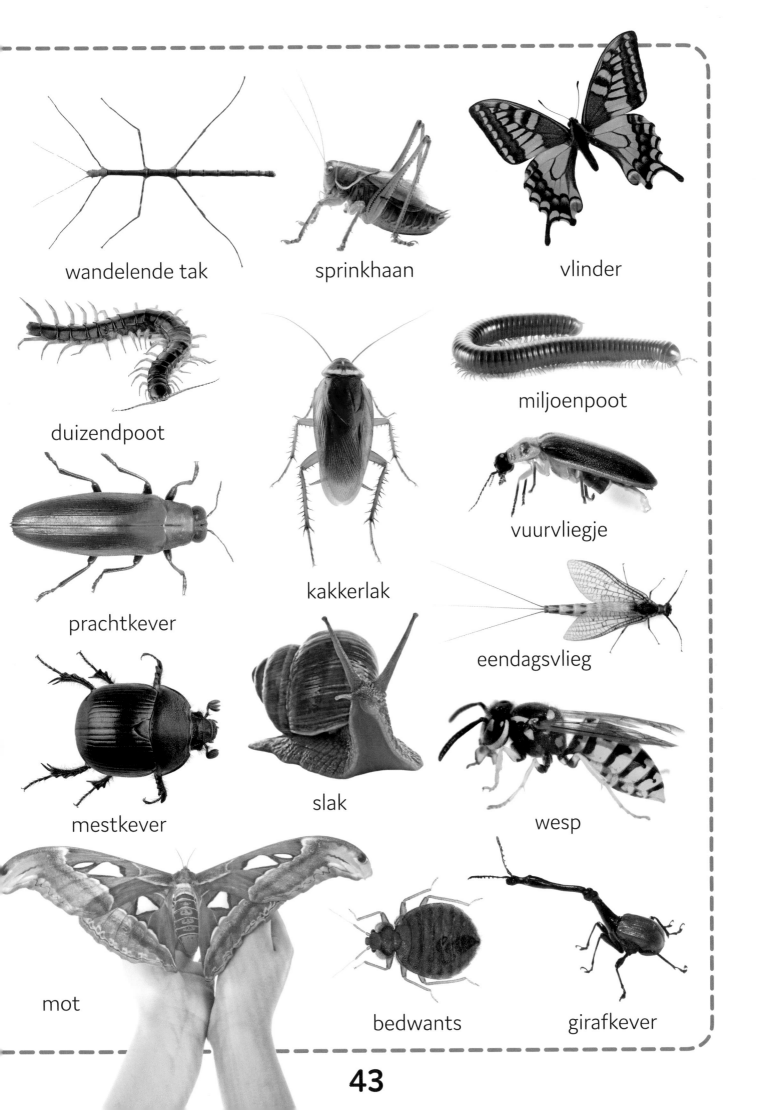

wandelende tak

sprinkhaan

vlinder

duizendpoot

miljoenpoot

kakkerlak

vuurvliegje

prachtkever

eendagsvlieg

mestkever

slak

wesp

mot

bedwants

girafkever

De seizoenen

ijspegels

storm

Winter

sneeuwbal

wind

muts

sneeuwpop

skiën

winter boom

regen

bloesem

Lente

lente boom

lentebloemen

lammetje

zonnebril

zwembad

zonnebloem

zomer boom

Zomer

aardbeien

zomerbloemen

vlinder

oogstmachine

kastanje

herfstbladeren

Herfst

tarwe

herfst boom

pompoen

dennenappel

45

Muziek maken

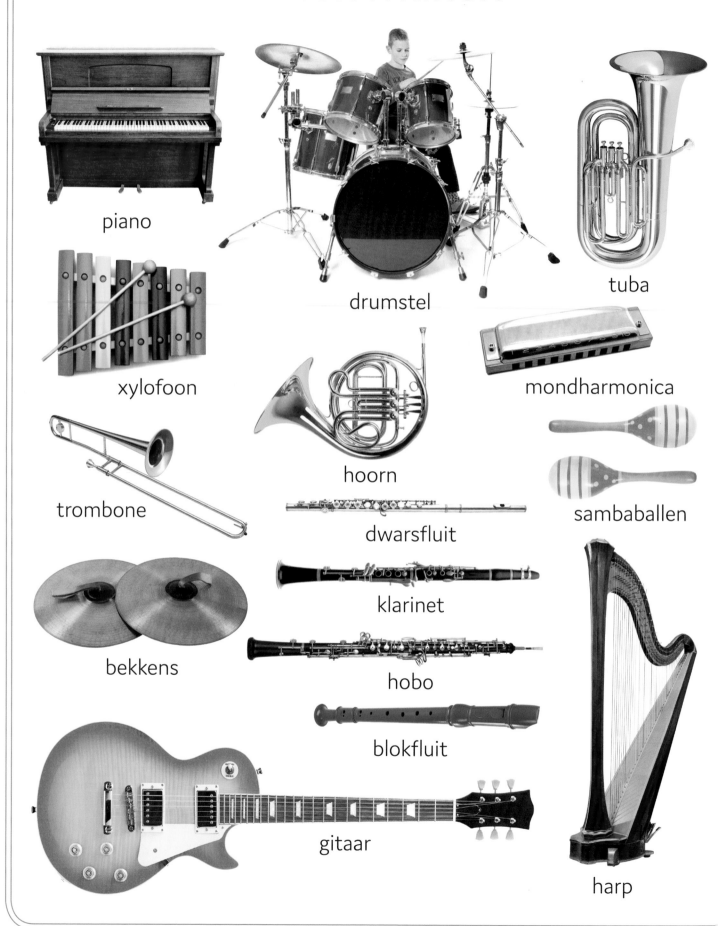

piano

drumstel

tuba

xylofoon

hoorn

mondharmonica

trombone

dwarsfluit

sambaballen

bekkens

klarinet

hobo

blokfluit

gitaar

harp

viool

cello

bellenkrans

synthesizer

trompet

triangel

fagot

accordeon

ukulele

panfluit

bongo's

sitar

melodica

banjo

saxofoon

tamboerijn

Hoog in de lucht

zwaluw

satelliet

roodborstje

maan

zweefvliegtuig

kolibrie

uil

wolk

vliegtuig

luchtballon

vleermuis

zwaan

astronaut

48

zeppelin

stern

adelaar

reiger

valk

ijsvogel

tweedekker

deltavlieger

mus

gier

helikopter

drone

duif

raket

49

In huis

lamp

handdoeken

kleed

kapstok

boekenkast

douche

bad

wasmachine

wc

stoel

dweil

huisdier

trap

wasmand

kledingkast

bed

gordijnen

dekbed

kussen

raam

deur

bank

stofzuiger

verwarming

laptop

tafeltje

bureau

spiegel

televisie

In de keuken

rasp

broodtrommel

pers

pan

schaar

gootsteen

garde

strijkijzer

stoel

tafel

strijkplank

fornuis

koelkast

bakvorm

afwasteil

kop en schotel

keukenmes

dunschiller

soeplepel

stamper

vaatwasser

pollepel

vergiet

kruidenrek

bord

blender

waterkoker

vork

mes

koffiepot

magnetron

lepel

koekenpan

Bedtijd

tuitbeker

knuffelbeer

spons

zeep

shampoo

pyjama

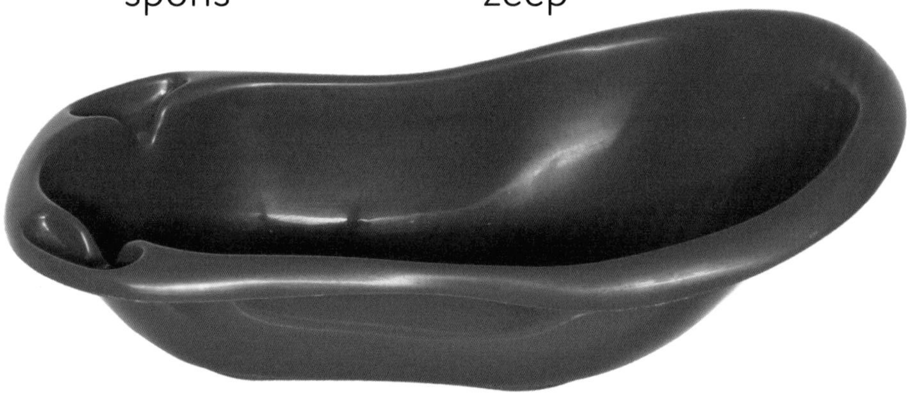

bad

slofjes

ledikant

deken

tandpasta

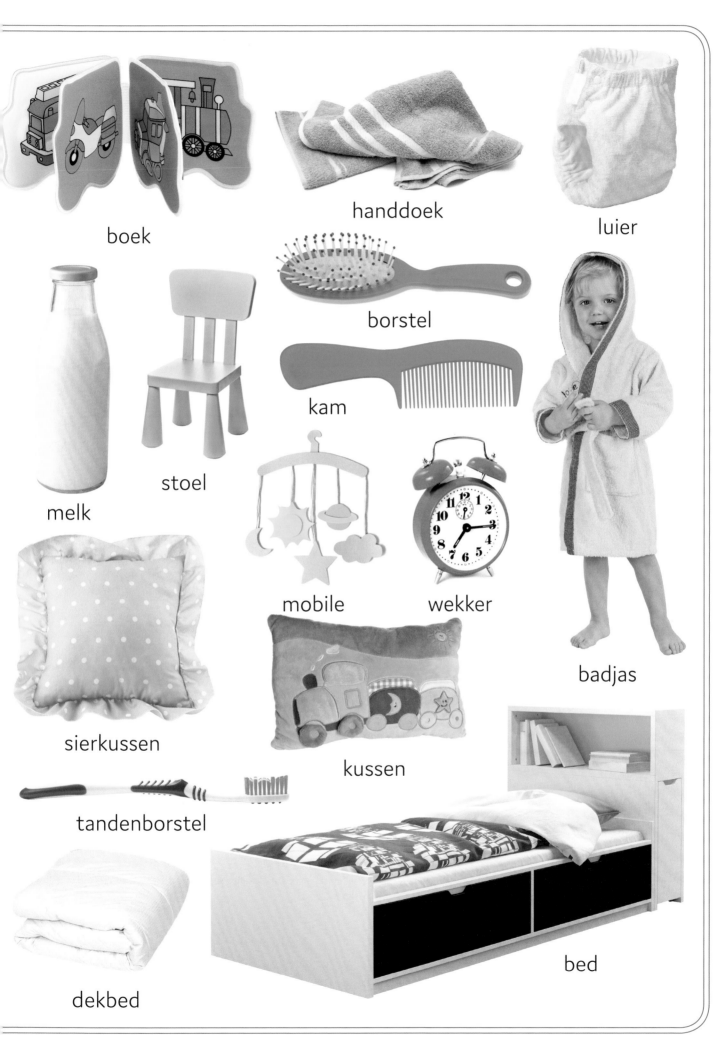

boek

handdoek

luier

melk

stoel

borstel

kam

badjas

sierkussen

mobile

wekker

kussen

tandenborstel

dekbed

bed

In de tuin

zaadjes

tuinmeubelen

schuurtje

kruiwagen

bezem

schoffel

hark

opblaasbaar zwembad

schep

handvorkje

handschepje

tuinhandschoenen

gieter

regenlaarzen

zonnebloem

56

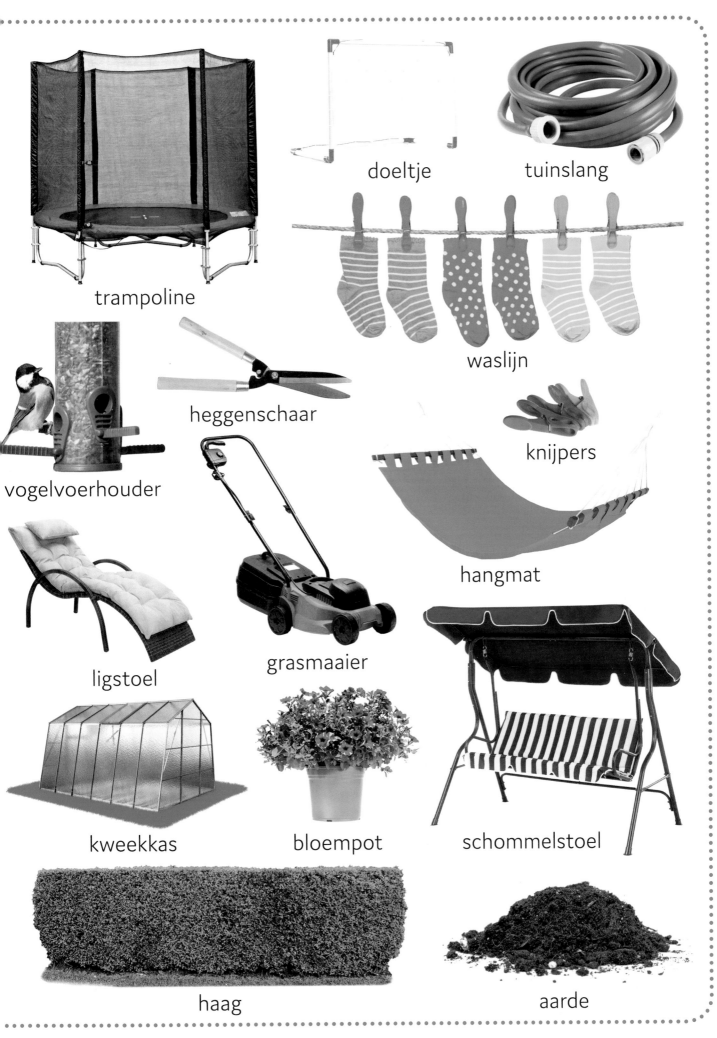

trampoline

doeltje

tuinslang

waslijn

heggenschaar

knijpers

vogelvoerhouder

hangmat

ligstoel

grasmaaier

kweekkas

bloempot

schommelstoel

haag

aarde

Vormen

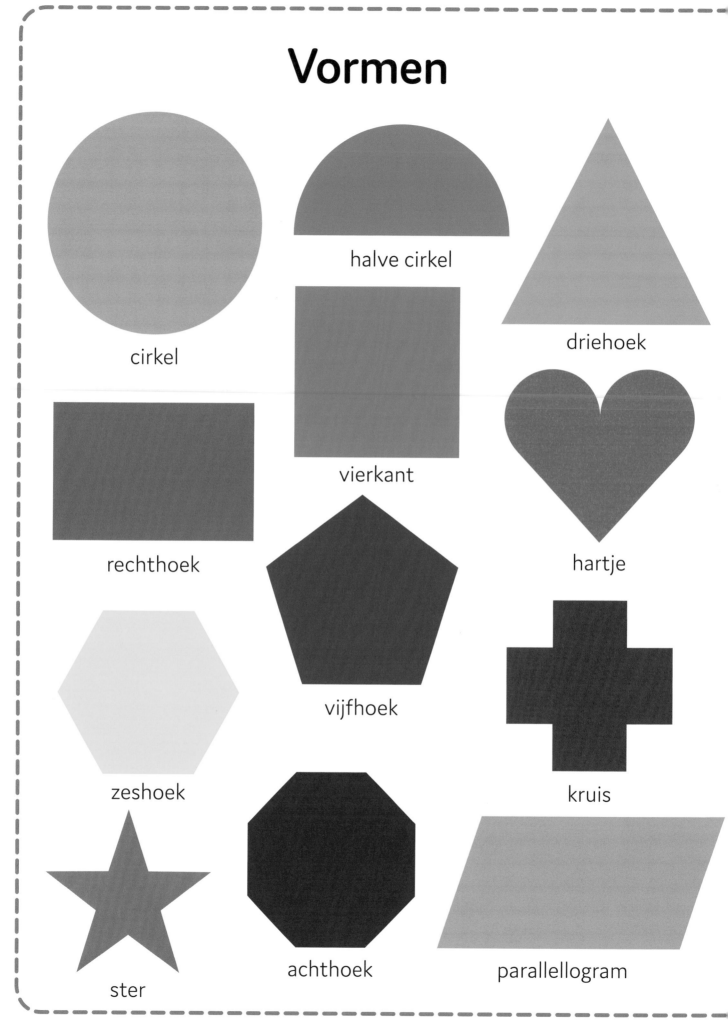

cirkel

halve cirkel

driehoek

vierkant

rechthoek

hartje

vijfhoek

zeshoek

kruis

ster

achthoek

parallellogram

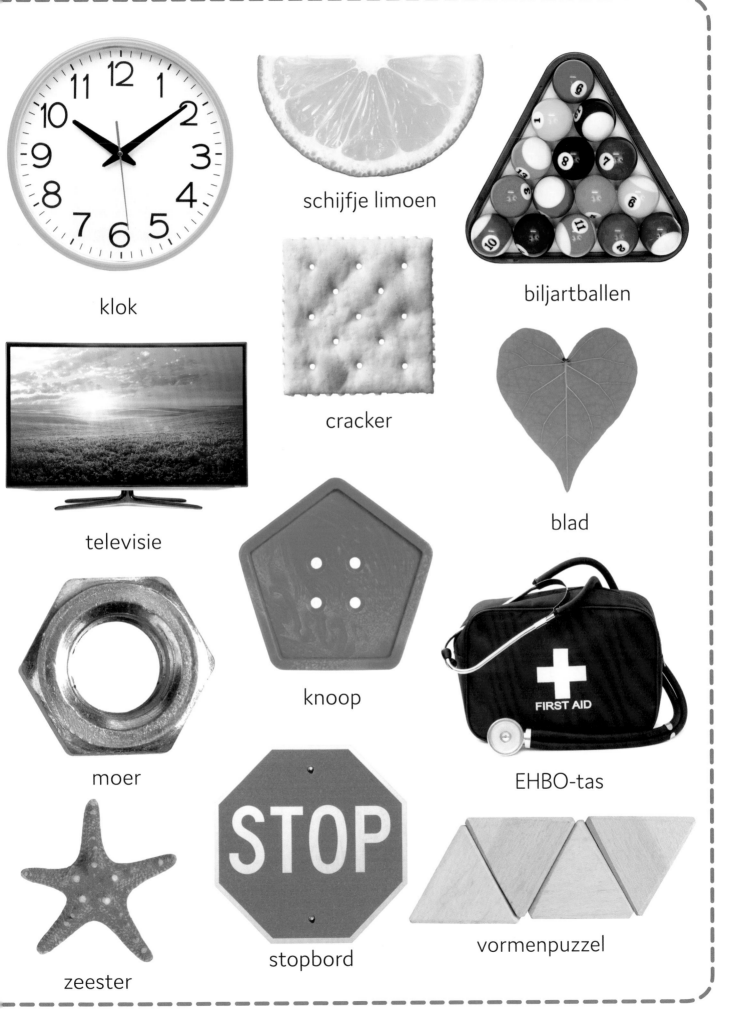

klok

schijfje limoen

biljartballen

cracker

blad

televisie

knoop

moer

EHBO-tas

zeester

stopbord

vormenpuzzel

Kleuren

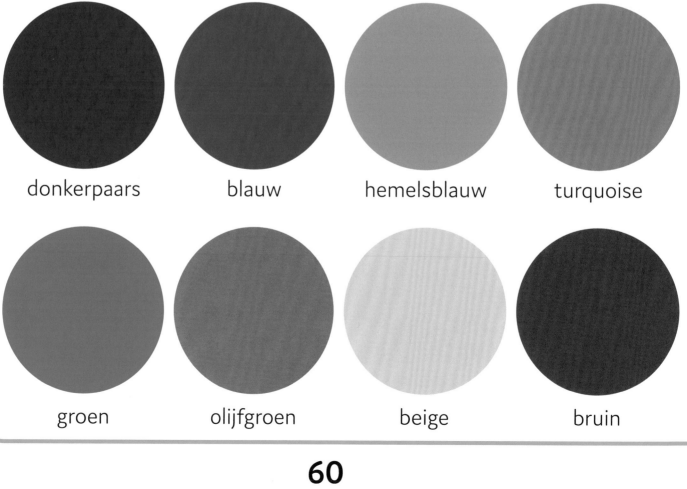

wit	zwart	grijs	geel
oranje	rood	roze	paars
donkerpaars	blauw	hemelsblauw	turquoise
groen	olijfgroen	beige	bruin

witte ijsbeer

zwart horloge

grijze muts

gele paprika

oranje basketbal

rode tomaat

roze tas

paarse theepot

onkerpaarse vlinder

blauwe
paraplu

hemelsblauwe
schoen

turquoise
armband

groene appel

groene olijven

beige kameel

bruine stoel

Tegenstellingen

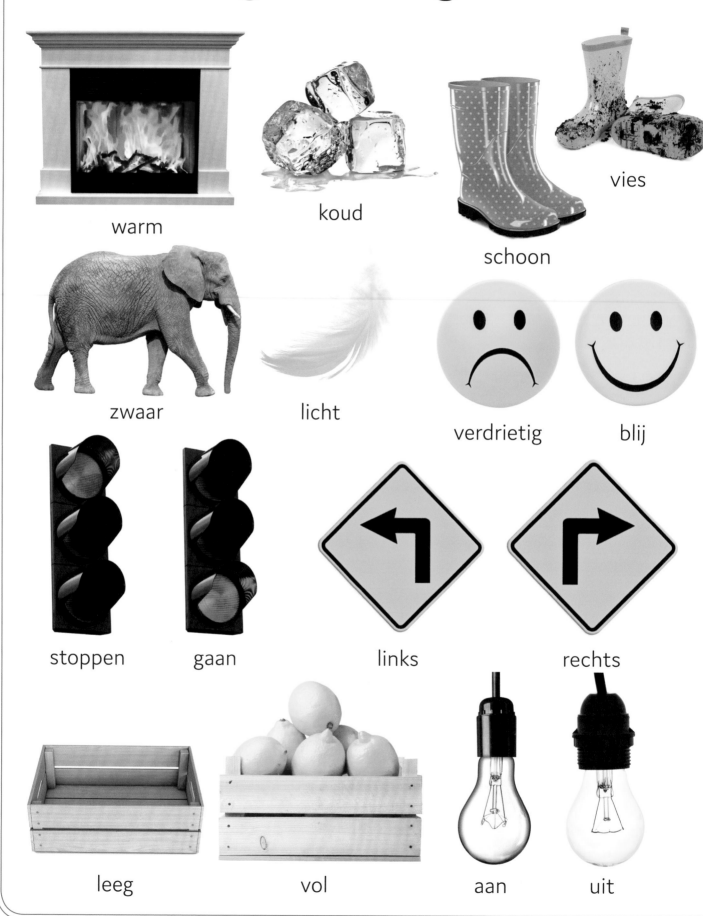

warm

koud

vies

schoon

zwaar

licht

verdrietig

blij

stoppen

gaan

links

rechts

leeg

vol

aan

uit

ja

nee

groot

klein

langzaam

snel

klein

groot

stil

luid

ruw

glad

oud

nieuw

hard

zacht

63